BEI GRIN MACHT SICH IHR WISSEN BEZAHLT

- Wir veröffentlichen Ihre Hausarbeit,
  Bachelor- und Masterarbeit

- Ihr eigenes eBook und Buch -
  weltweit in allen wichtigen Shops

- Verdienen Sie an jedem Verkauf

Jetzt bei www.GRIN.com hochladen und kostenlos publizieren

Bibliografische Information der Deutschen Nationalbibliothek:

Die Deutsche Bibliothek verzeichnet diese Publikation in der Deutschen National-
bibliografie; detaillierte bibliografische Daten sind im Internet über http://dnb.d-
nb.de/ abrufbar.

Impressum:

Copyright © 2015 GRIN Verlag, Open Publishing GmbH
Druck und Bindung: Books on Demand GmbH, Norderstedt Germany
ISBN: 978-3-668-04246-9

Dieses Buch bei GRIN:

http://www.grin.com/de/e-book/306102/einnahmen-ausgaben-rechnung-gewinner-
mittlung-im-betrieb

Andreas Stöbich

Einnahmen-Ausgaben-Rechnung. Gewinnermittlung im Betrieb

GRIN Verlag

GRIN - Your knowledge has value

Der GRIN Verlag publiziert seit 1998 wissenschaftliche Arbeiten von Studenten, Hochschullehrern und anderen Akademikern als eBook und gedrucktes Buch. Die Verlagswebsite www.grin.com ist die ideale Plattform zur Veröffentlichung von Hausarbeiten, Abschlussarbeiten, wissenschaftlichen Aufsätzen, Dissertationen und Fachbüchern.

Besuchen Sie uns im Internet:

http://www.grin.com/

http://www.facebook.com/grincom

http://www.twitter.com/grin_com

2015

HTL Grieskirchen -
Rechnungswesen

Andreas Stöbich 5B

[EINNAHMEN-AUSGABEN-RECHNUNG]

Die Einnahmen-Ausgaben-Rechnung ist ein großes Kapitel in Rechnungswesen. In diesem Dokument wird es genau beschrieben und auf alle Einzelheiten eingegangen.

1 Inhaltsverzeichnis

Abbildungsverzeichnis

1   Einnahmen-Ausgaben-Rechnung

Die Einnahmen-Ausgaben-Rechnung ist eine Art der Gewinnermittlung, eines Kalenderjahres, in einem Betrieb. Hierbei werden alle Betriebseinnahmen und Betriebsausgaben erfasst, welche entweder bar oder über Bankkonten zu- bzw. abgeflossen sind und in die Einnahmen-Ausgaben-Rechnung geschrieben. Dieses Prinzip beschreibt man grundsätzlich als Zufluss-Abfluss-Prinzip. Es gibt nur wenige Ausnahmen von diesem Prinzip, darunter fallen die Anschaffungs- und Herstellungskosten von Gebäuden und gewissen Wirtschaftsgütern des Umlaufvermögens. Die Ausnahme bei diesen ist, dass sie erst bei Ausscheiden aus dem Betriebsvermögen als Betriebsausgabe absetzbar sind.

Unterscheiden muss man aber trotzdem, obwohl die Anschaffungs- und Herstellungskosten erst bei Ausscheiden aus dem Betriebsvermögen abgesetzt werden dürfen, ob sie ganz normal in das Anlageverzeichnis aufzunehmen sind, als Beispiel dafür gilt Grund und Boden, oder nicht.

Am Ende des Jahres, wird dann der Gewinn oder Verlust eines Unternehmens als Differenz zwischen der Summe der Betriebseinnahmen und der Summe der Betriebsausgaben ermittelt. [1]

2 Gesetzliches

Die Einnahmen-Ausgaben-Rechnung darf jedoch nicht jeder verwenden, es gibt zwei grundsätzliche Einschränkungen dafür, wenn

- *„Nach dem Unternehmensgesetzbuch keine Buchführungspflicht besteht und*
- *Bücher auch nicht freiwillig geführt werden"* [2]

Eine doppelte Buchführung muss dann geführt werden wenn,

- das Unternehmen im Handelsregister als beispielsweise OHG, GmbH oder AG eingetragen ist
- es sich um einen eingetragenen Kaufmann handelt, der einen Umsatz und Gewinn von über 500.000 € bzw. 50.000 € erwirtschaftet hat

---

[1] Vgl. https://www.wko.at/Content.Node/Service/Steuern/Einkommensteuer-und-Koerperschaftsteuer/Einkommensteuer/est-koest_EinnahmenAusgabenRechnung_Broschuere.pdf

[2] https://www.wko.at/Content.Node/Service/Steuern/Einkommensteuer-und-Koerperschaftsteuer/Einkommensteuer/est-koest_EinnahmenAusgabenRechnung_Broschuere.pdf

- es sich um ein nicht im Handelsregister eingetragenes Unternehmen handelt wie die GbR. oder ein Einzelunternehmern, die einen Umsatz oder Gewinn von über 500.000 € oder 50.000 € jährlich erzielen

Aus dem § 238 des Handelsgesetzbuches (HGB) sowie aus der steuerrechtlichen Betrachtung §140 der Abgabenordnung wird die Verpflichtung der doppelten Buchführung abgeleitet. In erster Linie sind Kapitalgesellschaften, wie beispielsweise die GmbH oder AG, per Gesetz verpflichtet, ihre Geschäftsvorgänge nach dem System der doppelten Buchführung zu erfassen. Ferner müssen auch Einzelunternehmen und Unternehmen, die ein selbstständiges Handelsgewerbe betreiben, eine doppelte Buchführung führen.

Außerdem sind die sogenannten Nicht-Kaufleute zur Erstellung einer doppelten Buchführung angehalten, sobald der Gewinn die Marke von 50.000 € innerhalb eines Geschäftsjahres übersteigt. Aber auch wenn der Jahresumsatz 500.000 € übersteigt, ist eine doppelte Buchführung verpflichtend. Darüber hinaus müssen Selbstständige, die als Nicht-Kaufleute gelten und sich freiwillig ins Handelsregister eintragen lassen, eine doppelte Buchführung anfertigen. Wer keine doppelte Buchführung erstellen muss, hat seine Geschäftsvorfälle in einer einfachen Buchführung, der sogenannten Einnahmen-Überschuss-Rechnung (EUR) zu erfassen. [3]

2.1 Doppelte Buchführung

Die doppelte Buchführung - steuerlich auch Betriebsvermögensvergleich genannt - ist wie die Einnahmen-Ausgaben-Rechnung eine Art der Gewinnermittlung. Bei der doppelten Buchführung werden allerdings im Unterschied zur Einnahmen-Ausgaben-Rechnung nicht nur die Zuflüsse und Abflüsse aufgezeichnet. [4]

2.1.1 Warum doppelte Buchführung? [5]

Der Begriff doppelte Buchführung rührt zum einen daher, dass der Erfolg eines Unternehmens auf zweifache Art und Weise errechnet wird:

---

[3] Vgl. https://www.wko.at/Content.Node/Service/Steuern/Einkommensteuer-und-Koerperschaftsteuer/Einkommenssteuer/est-koest_EinnahmenAusgabenRechnung_Broschuere.pdf
[4] Vgl. https://www.wko.at/Content.Node/Service/Steuern/Einkommensteuer-und-Koerperschaftsteuer/Einkommenssteuer/est-koest_EinnahmenAusgabenRechnung_Broschuere.pdf
[5] Vgl. http://www.fuer-gruender.de/wissen/unternehmen-gruenden/finanzen/buchfuehrung/bilanzierung/

- zum einen durch den Vergleich des Eigenkapitals am Ende des Jahres mit dem Stand des Eigenkapitals zum Ende des vorigen Jahres (ersichtlich aus der Bilanz) und

- zum anderen durch den Vergleich der Aufwendungen mit den Erträgen des aktuellen Jahres (ersichtlich aus der Gewinn- und Verlustrechnung).

Weiteres rührt der Begriff doppelte Buchführung auch daher, weil jeder Geschäftsvorfall doppelt erfasst wird, da immer sowohl im Soll als auch im Haben gebucht werden muss.

2.1.2   Die steuerliche Gewinnermittlung[6]

Sind Unternehmen unternehmensrechtlich zur doppelten Buchführung verpflichtet, dann sind sie dies auch steuerrechtlich. In diesem Fall spricht man dann von einem Betriebsvermögensvergleich nach § 5 EStG (Einkommensteuergesetz). Diese steuerrechtliche Gewinnermittlung orientiert sich sehr stark an der unternehmensrechtlichen Gewinnermittlung.

Selbst wenn Unternehmen unternehmensrechtlich nicht zur Gewinnermittlung mittels doppelter Buchführung verpflichtet sind, weil sie beispielsweise die Umsatzschwelle nicht überschreiten, steht es ihnen steuerrechtlich dennoch zu, dies freiwillig zu tun. In so einem Fall spricht man dann vom Betriebsvermögensvergleich nach § 4 Abs. 1 EStG.

Der Unterschied zwischen dem Betriebsvermögensvergleich nach § 5 EStG und jenem nach § 4 Abs. 1 EStG ist vor allem der, dass im Falle des § 5 EStG strengere Bilanzierungsvorschriften gelten.

2.1.3   Vor- und Nachteile der doppelten Buchführung[7]

Ein großer Vorteil der doppelten Buchführung ist, dass diese um einiges aussagekräftiger ist gegenüber der Einnahmen-Ausgaben-Rechnung. Vor allem Banken tun sich für die Beurteilung der Kreditwürdigkeit im Falle einer doppelten Buchführung leichter.

Steuerrechtlich besteht bei der Gewinnermittlung mittels Betriebsvermögensvergleich der Vorteil darin, dass sich Verluste uneingeschränkt in spätere Jahre vortragen und dann mit Gewinnen verrechnen lassen – bei der Einnahmen-Ausgaben-Rechnung ist dies nur für die Verluste der letzten drei Jahre möglich.

---

[6] Vgl. http://www.fuer-gruender.de/wissen/unternehmen-gruenden/finanzen/buchfuehrung/bilanzierung/
[7] Ebenda Seite 4 f.

Nachteilig an der doppelten Buchführung ist, dass diese natürlich um einiges aufwändiger ist als eine Einnahmen-Ausgaben-Rechnung.

3 Was ist erforderlich?

Die Einnahmen-Ausgaben-Rechnung darf nicht ohne Aufzeichnungen gemacht werden. Man benötigt:

- Erfassung der Betriebseinnahmen und Betriebsausgaben
- Wareneingangsbuch
- Anlagenverzeichnis
- Lohnkonten, wenn Dienstnehmer beschäftigt werden[8]

Wegen der umsatzsteuerlichen Zwecke müssen Aufzeichnungen geführt werden. Es empfiehlt sich daher, die umsatzsteuerlichen Aufzeichnungen im Rahmen der Einnahmen-Ausgaben-Rechnung zu erfassen. Besonders dabei ist auch noch, dass kein Kassabuch mit Bestandsveränderung geführt werden muss. Die Abgabenpflichtigen haben von den Bargeldbewegungen die erfolgswirksamen Betriebseinnahmen und Betriebsausgaben zu erfassen. Privateinlagen und Privatentnahmen bzw. Bewegungen zwischen Kassa und Bank sind nicht einzutragen.

Sollten die Betriebseinnahmen eines Geschäftstages nicht einzeln erfasst werden, sondern durch Rückrechnung aus End- und Anfangsbestand ermittelt werden, dann sind End- und Anfangsbestand, alle Barausgänge sowie nicht erfolgswirksame Bareingänge täglich zu erfassen (sogenanntes Kassabuch mit Bestandsfeststellung).

Jeder der eine Einnahmen-Ausgaben-Rechnung führt und keine doppelte Buchhaltung benötigt ist nicht verpflichtet am Jahresende eine Inventur durchzuführen. [9]

---

[8] Vgl. gruendungswissen.at
[9] Vgl. https://www.wko.at/Content.Node/Service/Steuern/Einkommensteuer-und-Koerperschaftsteuer/Einkommenssteuer/est-koest_EinnahmenAusgabenRechnung_Broschuere.pdf

4 Erfassung der Betriebseinnahmen und –ausgaben[10]

Wie bereits im Punkt 3 erwähnt, sind laufend alle Betriebseinnahmen beziehungsweise Betriebsausgaben in einem Unternehmen zu erfassen. Um dies umzusetzen bestehen laut Gesetz mehrere Möglichkeiten.

4.1   Einnahmen-Ausgaben-Journal[11]

In diesem Verzeichnis werden alle baren als auch unbaren Geldbewegungen erfasst. Außerdem sollte man alle Ausgabenbewegungen auch in einen Spesenverteiler eintragen, welcher mit im Einnahmen-Ausgaben-Journal integriert ist.

Was jedoch nicht im Journal aufgezeichnet beziehungsweise integriert wird sind:

- Alle Privatgeschäfte (Privateinlagen und Privatentnahmen)
- Geldbewegungen zwischen Bank und Kassa
- Anschaffungskosten von Anlagegütern, welche bei der Abschreibung abgesetzt werden

---

[10] Vgl. https://www.wko.at/Content.Node/Service/Steuern/Einkommensteuer-und-Koerperschaftsteuer/Einkommenssteuer/est-koest_EinnahmenAusgabenRechnung_Broschuere.pdf
[11] Vgl. https://www.wko.at/Content.Node/Service/Steuern/Einkommensteuer-und-Koerperschaftsteuer/Einkommenssteuer/est-koest_EinnahmenAusgabenRechnung_Broschuere.pdf

Die Selbständigen
BilanzbuchhalterInnen
www.rechenstift.at

EINNAHMEN/AUSGABEN-JOURNAL   NAME _____
STEUERNUMMER _____

DATUM	BELEG	TEXT	FIRMA AUFTRAGGEBER	EINNAHMEN				AUSGABEN			

Mit Unterstützung des Fachverbandes Unternehmensberatung und Informationstechnologie

W K O

WIRTSCHAFTSKAMMER ÖSTERREICH
Unternehmensberatung · IT

https://www.wko.at/ubit/bibug/formulare/ea_journal.pdf [01.04.2015]
Abb. 1: Einnahmen-Ausgaben-Journal Musterbeispiel

4.2   Bankeinnahmen und Bankausgaben

Um alle Bankeinnahmen und Bankausgaben korrekt zu erfassen müssen alle Einzelbelege sowie alle Kontoauszüge komplett lückenlos gesammelt und aufbewahrt werden. Sollten über
dieses Konto auch private Geldbewegungen getätigt werden, müssen auch diese gesammelt
werden. [12]

4.3   System

Egal welches System der Aufzeichnungen gewählt wird (Einnahmen-Ausgaben-Journal oder
Sammlung der Kontoauszüge), dies kann jeder selber entscheiden, muss man darauf achten,
dass die Verteilung der Einnahmen und Ausgaben auf einzelne Kategorien mit einem Buchhal-
tungsprogramm (keine Einnahmen-Ausgaben-Rechner) erfolgt.

---

[12] Vgl. https://www.wko.at/Content.Node/Service/Steuern/Einkommensteuer-und-
Koerperschaftsteuer/Einkommenssteuer/est-koest_EinnahmenAusgabenRechnung_Broschuere.pdf

Hierbei gibt es jedoch Sonderregelungen für verschiedene Arten von Unternehmen. Der Einzelunternehmer muss zusätzlich zur Einkommensteuererklärung das Formular E1a abgeben. Um dem Einzelunternehmer Zeit zu sparen, sollten alle Aufzeichnungen mindestens diesem Gliederungsschema entsprechen. [13]

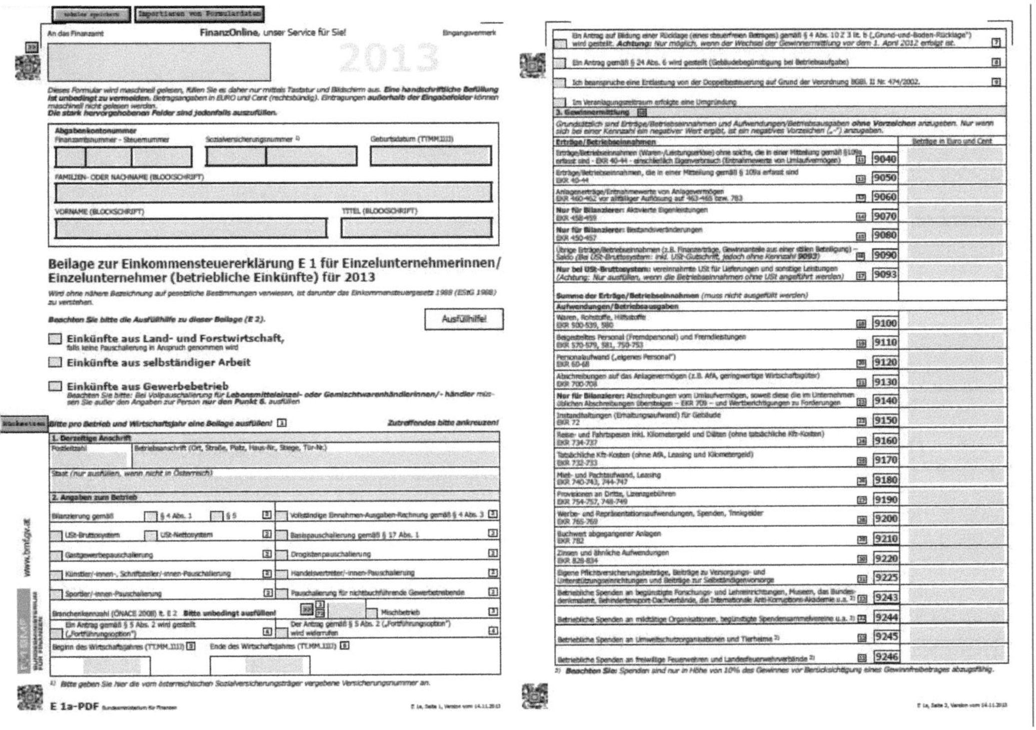

Abb. 2: Formular E1a Seite 1 (links) und Formular E1a Seite 2 (rechts)

formulare.bmf.gv.at/service/formulare/inter-Steuern/pdfs/E1a [01.04.2015]

In diesen beiden Abbildungen sieht man das Formular E1a, welches direkt vom Bundesministerium zur Verfügung gestellt wird. Die letzten beiden Seiten wurden ausgelassen, da man das gesamte Dokument nicht wieder veröffentlichen darf. [14]

---

[13] Vgl. https://www.wko.at/Content.Node/Service/Steuern/Einkommensteuer-und-Koerperschaftsteuer/Einkommenssteuer/est-koest_EinnahmenAusgabenRechnung_Broschuere.pdf
[14] Vgl. Bundesministerium Richtlinien Webveröffentlichung

4.4   Zeitpunkt der Eintragung und Belegsammlung

Grundsätzlich gilt, dass alle Bareinnahmen und –ausgaben täglich festgehalten werden müssen. Die Eintragung danach erfolgt dann in zeitlicher Reihenfolge und muss immer termingerecht und vollständig erfolgen. In der Regel erfolgen alle Eintragungen spätestens einen Monat und 15 Tage nach Ablauf des jeweiligen Kalendermonats. [15]

Jede Eintragung, die hier getätigt wird basiert auf dem Grundsatz: *„Keine Buchung ohne Beleg"*[16]. Das heißt, dass man im Journal auf den jeweiligen Beleg zu verweisen hat, welcher der Grund einer Eintragung war. Die Belege werden in der Regel gruppiert geordnet, zum Beispiel Bankauszüge, Barbelege etc.. [17]

5 Betriebseinnahmen

Betriebseinnahmen sind wie der Name schon mutmaßen lässt, alle Einnahmen, die einem Unternehmen im Rahmen des Betriebes zufließen. Also alle Zugänge in Geld oder geldwerten Vorteilen, die anfallen. Es fallen nicht nur Einnahmen aus der eigentlichen betrieblichen Tätigkeit (die erzielten Umsätze) darunter, sondern auch beispielsweise Einnahmen aus Hilfsgeschäften, aus Anlageverkäufe oder Versicherungsentschädigungen. [18]

Im Einzelnen gehören zu den Betriebseinnahmen:

- Einnahmen aus Lieferungen (z.B. Warenverkäufe)
- Einnahmen aus Leistungen (z.B. Dienstleistungen oder auch Werkleistungen)
- Einnahmen aus Hilfsgeschäften (z.B. Provisionen, Zinsen)
- Anzahlungen, Vorschüsse
- Einnahmen aus dem Verkauf von Anlagegütern
- Betrieblich veranlasste Abfindungen (z.B. Mietrechte betreffend das Geschäftslokal)

Was jedoch auch noch zu den Betriebseinnahmen gerechnet werden, sind die Sachentnahmen. Damit ist gemeint, wenn man zum Beispiel Ware entnimmt und diese seinem Sohn zum Ge-

---

[15] Vgl. Vgl. https://www.wko.at/Content.Node/Service/Steuern/Einkommensteuer-und-Koerperschaftsteuer/Einkommenssteuer/est-koest_EinnahmenAusgabenRechnung_Broschuere.pdf
[16] Betriebliche Organisation, erste Klasse HTL Grieskirchen, Sabine Enzenebner
[17] Vgl. https://www.wko.at/Content.Node/Service/Steuern/Einkommensteuer-und-Koerperschaftsteuer/Einkommenssteuer/est-koest_EinnahmenAusgabenRechnung_Broschuere.pdf
[18] Vgl. https://www.usp.gv.at

burtstag schenkt. Dadurch entsteht zwar kein Geldabfluss, buchhalterisch muss man sie trotzdem berücksichtigen. [19]

5.1 Tageslosung (Barverkäufe)

Grundsätzlich bezeichnet man als Tageslosung die Summe aller Bareinnahmen für Warenverkäufe oder sonstiger Leistungen. [20]

5.1.1 Direkte Tageslosung[21]

Die direkte Tageslosung wird prinzipiell in den meisten Geschäften angewandt. Man versteht unter der direkten Tageslosung alle Verkäufe eines Arbeitstages, die mit Hilfe von Kassenzettel oder Ausdruck der Computerkasse am Ende des Arbeitstages erfasst werden.

Bei jedem Barverkauf wird ein Kassenzettel ausgefüllt. Der Kunde erhält das Original, der Durchschlag bleibt im Geschäft. Der Betrag des Kassenzettels wird in die Kontrollliste des Kassenblocks eingetragen. In den meisten Fällen geschieht das heutzutage automatisch und wird von diversen Softwaren am Computer eigenständig erledigt.

5.1.2 Indirekte Tageslosung

Die indirekte Tageslosung bedeutet, dass man via Rückrechnung zum gewünschten Ergebnis kommt. Ein Beispiel für die indirekte Tageslosung könnte so aussehen:

Bargeld bei Geschäftsschluss

+ Ausgaben
_____

Zwischensumme

-Bargeld bei Geschäftsbeginn
_____

= TAGESLOSUNG

Um indirekt die Tageslosung ermitteln zu können, verwendet man einen Kassenbericht (Vordruck). Auch eine Probe mit Hilfe des Rückrechnungssystems ist möglich, was man jedoch nicht feststellen kann ist, ob Banknoten oder Münzen fehlen. [22]

---

[19] Vgl. https://www.wko.at/Content.Node/Service/Steuern/Einkommensteuer-und-Koerperschaftsteuer/Einkommensteuer/est-koest_EinnahmenAusgabenRechnung_Broschuere.pdf
[20] Vgl. http://de.wikipedia.org/wiki/Kassenbuch
[21] http://de.wikipedia.org/wiki/Kassenbuch

```
KASSENBERICHT Nr. .125.        vom .11.Nov...

Kassenstand bei Geschäftsschluss                          € ....2.534,77

Ausgaben im Laufe des Tages:
1. Zahlungen für Wareneinkäufe und
   Warennebenkosten:
..Fracht f. Warenlieferung..        € .....13,50
..............................................    € ...................
..............................................    € ...................
..............................................    € ...................    € .........13,50
2. Geschäftsausgaben:
..Reinigungsmaterial.....            € .......8,92
..............................................    € ...................
..............................................    € ...................    € ..........8,92
3. Privatentnahmen:
..Entnahme....................        € ....500,--
..............................................    € ...................    € .......500,--
4. Sonstige Ausgaben:
..Bankeinlage...............          € ..1.000,--    € ......1.000,--
              Summe                               € ......4.057,19
abzüglich Kassenstand des Vortages                € ........250,00
Kasseneingang                                     € .....3.807,19
abzüglich sonstiger Einnahmen:
..............................................                    € ............0,00.
        Tageslosung                               € ......3.807,19

Unterschrift: .......... Wimmer.....
```

Abb. 3: Beispiel eines Kassenberichtes, dieser Bericht wurde nur als Musterangabe ausgefüllt und behandelt keine Thematik eines realen Unternehmens
http://abload.de/img/abbildungtageslosungi0uxi.jpg [01.04.2015]

[22] Vgl. https://www.wko.at/Content.Node/Service/Steuern/Einkommensteuer-und-Koerperschaftsteuer/Einkommenssteuer/est-koest_EinnahmenAusgabenRechnung_Broschuere.pdf

5.1.3 Verbuchung der Tageslosung

Die Verbuchung der Tageslosung erfolgt dann so:

2700 Kassa		4000 Handelswaren-Erlöse
		3500 Umsatzsteuer

Die jeweiligen Beträge müssen dann dementsprechend den täglichen Einnahmen verändert werden. [23]

5.2 Gutscheine, Schecks & Kreditkarten[24]

Wie bereits in den vorherigen Punkten erwähnt, müssen alle Bargeldbewegungen dargestellt werden. Es müssen jedoch auch alle Vorgänge, welche nicht mit Bargeld getätigt werden erfasst werden.

5.2.1 Gutschein

Bei Gutscheinen wird der Verkauf des Gutscheines gewählt und nicht das Einlösungsdatum, da auch das Geld an dem Tag ins Unternehmen kommt, an dem der Gutschein verkauft wird.

5.2.2 Schecks & Kreditkarten

Diese beiden Zahlungsmethoden werden genauso als Bargeldbewegungen erfasst. Die einmal gewählte Vorgangsweise ist beizubehalten. Dies gilt auch als Sonderregelung bei Bezahlung einer bestimmten Dienstleistung oder Leistung mit Bon/s.

6 Betriebsausgaben

„Unter Betriebsausgaben sind alle Aufwendungen und Ausgaben zu verstehen, die durch den Betrieb veranlasst sind (§ 4 Abs. 4 EStG.). Die Betriebsausgaben kürzen den Gewinn und schmälern dadurch die Bemessungsgrundlage der Einkommen- bzw. Körperschaftsteuer. "[25]

---

[23] Vgl. www.sms.at/community/talkbox/lofiversion/index.php/t18332.html
[24] Vgl. https://www.wko.at/Content.Node/Service/Steuern/Einkommensteuer-und-Koerperschaftsteuer/Einkommenssteuer/est-koest_EinnahmenAusgabenRechnung_Broschuere.pdf
[25] Vgl. https://www.bmf.gv.at/steuern/selbstaendige-unternehmer/betriebsausgaben/betriebsausgaben-allgemein.html

Es handelt sich dann um einen Abzugsposten, wenn alle dieser drei Punkte erfüllt werden:

- Wenn die Ausgabe in Verbindung mit einer betrieblichen Tätigkeit steht
- Dem Unternehmen dienen oder die Ausgabe unfreiwillig getroffen wurde
- Nicht unter ein Abzugsverbot fallen

Wichtig hierbei ist auch noch, dass die Ausgaben tatsächlich auch bezahlt werden müssen. Es reicht nicht, dass man eine offene Rechnung eines Unternehmens hat. Das Geld muss bereits überwiesen worden sein. [26]

6.1 Arten der Betriebsausgaben[27]

Zu den Betriebsausgaben gehören insbesondere:

- Wareneinkauf von
  - Handelswaren
  - Roh-, Hilfs- und Verbrauchsmaterial
- Personalkosten
  - Löhne und Gehälter
  - Lohnnebenkosten (Kommunalsteuer, Dienstgeberbeitrag etc.)
- Energiebezug
  - Strom
  - Heizung
- Abschreibungen
- Geringwertige Wirtschaftsgüter
- Fahrt- und Reisespesen
  - Inland & Ausland
  - Tages – und Nächtigungsgelder
- Sonstige Gebühren
  - Gemeinde
  - Telefon etc.

---

[26] Vgl. https://www.bmf.gv.at/steuern/selbstaendige-unternehmer.html
[27] Vgl. https://www.wko.at/Content.Node/Service/Steuern/Einkommensteuer-und-Koerperschaftsteuer/Einkommensteuer/est-koest_EinnahmenAusgabenRechnung_Broschuere.pdf

- Buchhalterische Kosten
    - o Anwalts- und Notarkosten
    - o Steuerberater- und Buchhaltungskosten
- Miete und Pacht …
    - o von Maschinen und Gebäude
    - o sowie Leasingverträge
- Alle KFZ-Betriebskosten
- Alle diversen Reparaturen, die in einem Unternehmen anfallen
- Material und Hilfsstoffe
    - o Büro und Verpackung
    - o Reinigungsmittel
- Steuern und Abgaben
    - o Grundsteuer
    - o Werbeabgabe
- Versicherungen
    - o Sach- und Pflichtversicherungen
- Werbung
    - o Werbespots, Plakate, Radiowerbung
- Bankzinsen und Geldspesen
    - o Kontoführungsgebühren
    - o Kreditkartenkosten

Eine spezielle Regelung hierbei gibt es wieder für Privatausgaben. Entfallen Betriebsausgaben auf den Privatbereich muss ein gewisser Privatanteil aus dem Unternehmen ausgeschieden werden.

6.2 Absetzung für Abnutzung[28]

Oder in der Kurzform auch „AfA" genannt. Die AfA ist das steuerrechtliche Pendant zur Abschreibung. Eine Abschreibung beschreibt grundsätzlich die Verteilung der Anschaffungskosten und Herstellungskosten des abnutzbaren Anlagevermögens auf die Jahre der betriebsgewöhnlichen Nutzungsdauer. Die AfA stellt eine Betriebsausgabe dar.

---

[28] Vgl. https://www.wko.at/Content.Node/Service/Steuern/Einkommensteuer-und-Koerperschaftsteuer/Einkommenssteuer/est-koest_EinnahmenAusgabenRechnung_Broschuere.pdf

Bei der AfA unterscheidet man grundsätzlich zwischen den abnutzbaren Anlagegütern und den nicht abnutzbaren Anlagegütern.

6.2.1 Abnutzbare Anlagegüter

Hierbei handelt es sich um Vermögensgegenstände, die einer Unternehmung nicht zur Weiterveräußerung oder zur kurzfristigen Nutzung sondern zur dauernden Nutzung dienen. [29]Das heißt, dass es sich hierbei um Güter handelt die im Betrieb der Abnutzung unterliegen, wie zum Beispiel:

- Maschinen
- PCs
- Geschäftseinrichtung
- Firmenfahrzeuge etc. [30]

6.2.2 Nicht abnutzbare Anlagegüter

Nicht abnutzbare Anlagegüter sind Wirtschaftsgüter, welche keiner Abnützung durch Gebrauch unterliegen. Als Beispiel hierfür nennt man in der Regel:

- Grund und Boden[31]

6.3 Berechnung der AfA

Für die Berechnung der AfA braucht man grundsätzlich folgende Werte:

- Anschaffungskosten
- Herstellungskosten
- Nutzungsdauer in Jahren[32]

Bei den Anschaffungskosten handelt es sich um alle Kosten die aufgewendet werden müssen, um ein Produkt im Unternehmen zu haben.

---

[29] Vgl. https://www.gutefrage.net
[30] Vgl. https://www.wko.at/Content.Node/Service/Steuern/Einkommensteuer-und-Koerperschaftsteuer/Einkommenssteuer/est-koest_EinnahmenAusgabenRechnung_Broschuere.pdf
[31] Vgl. https://www.wko.at/Content.Node/Service/Steuern/Einkommensteuer-und-Koerperschaftsteuer/Einkommenssteuer/est-koest_EinnahmenAusgabenRechnung_Broschuere.pdf
[32] Vgl. https://www.wko.at/Content.Node/Service/Steuern/Einkommensteuer-und-Koerperschaftsteuer/Einkommenssteuer/est-koest_EinnahmenAusgabenRechnung_Broschuere.pdf

Bei den Herstellungskosten handelt es sich um Kosten, die anfallen um ein Produkt selber, im eigenen Betrieb, herzustellen.

Die Nutzungsdauer in Jahren ist vom Bundesfinanzministerium vorgegeben und unterscheidet sich in den unterschiedlichen Wirtschaftszweigen. Einige bekannte Beispiele hierfür sind:

- Baugewerbe
- Energie- und Wasserversorgung
- Forstwirtschaft etc. [33]

Außerdem gibt der Gesetzgeber noch folgende Regelungen vor:[34]

- 33 Jahre für Betriebsgebäude (Stand 2014), aber nur wenn sie zu 80 % oder mehr der Betriebsausübung dienen
- *„Bei Gebäuden in Leichtbauweise, die bis 2006 angeschafft oder fertig gestellt wurden, genügt die Art der Gebäudekonstruktion als solche für den Nachweis einer geringeren als der gesetzlichen Nutzungsdauer; höher AfA-Sätze sind in diesem Fall ohne Vorlage eines Gutachtens möglich.*
- Bei Gebäuden, die nicht in Massivbauweise errichtet und ab 2007 angeschafft oder fertig gestellt werden, kann eine Nutzungsdauer von mindestens von 25 Jahren angenommen werden. "[35]
- Bei PKW und Kombi wird die gesetzliche Nutzungsdauer mit 8 Jahren gerechnet.

Die Berechnung ergibt sich daher folgendermaßen:[36]

Anschaffungs- bzw. Herstellungskosten   /   Nutzungsdauer in Jahren

---

[33]Vgl.
www.bundesfinanzministerium.de/Content/DE/Standardartikel/Themen/Steuern/Weitere_Steuerthem en/Betriebspruefung/AfA-Tabellen/afa-tabellen.html
[34] Vgl. https://www.wko.at/Content.Node/Service/Steuern/Einkommensteuer-und-Koerperschaftsteuer/Einkommenssteuer/est-koest_EinnahmenAusgabenRechnung_Broschuere.pdf
[35] Ebenda Seite 9
[36] Vgl. https://www.wko.at/Content.Node/Service/Steuern/Einkommensteuer-und-Koerperschaftsteuer/Einkommenssteuer/est-koest_EinnahmenAusgabenRechnung_Broschuere.pdf

6.4 Verbuchung der AfA

Die Verbuchung der AfA erfolgt meistens am 31.12 des Geschäftsjahres und geht folgendermaßen:

> 7010 Abschreibung von Sachanlagen | 0... jeweiliges Anlagenkonto

Erfolgt die Nutzung des Wirtschaftsgutes nur in der zweiten Jahreshälfte darf für dieses Jahr nur der halbe Abschreibungsbetrag abgesetzt werden.

Sollte eine Teilwertabschreibung vorliegen, also dass ein niedrigerer Teilwert abgeschrieben wird, so ist im selben Jahr eine normale AfA nicht zulässig, weil sie ohnehin in die Teilwertabschreibung eingeflossen ist Daraus ergibt sich folgende Buchung:

> 7050 Außerplanmäßige AfA | 0... Anlage

6.5 Ausnahmen[37]

Sollten die Anschaffungs- beziehungsweise Herstellungskosten die Grenze von 400€ netto nicht übersteigen, so können sie zur Gänze als Betriebsausgabe abgesetzt werden. Sollte es sich um einen nicht vorsteuerabzugsberichtigten Unternehmer handeln so ist diese Grenze logischerweise brutto zu verstehen Man nennt diese Art von Waren: geringwertige Wirtschaftsgüter.

7 Wareneingangsbuch[38]

Für steuerliche Zwecke ist es notwendig, dass alle gewerblichen Unternehmer, die ihren Gewinn mittels Einnahmen-Ausgaben-Rechnung ermitteln, ein Wareneingangsbuch zu führen. Im Wareneingangsbuch muss der Unternehmer alle Waren, die er kauft eintragen. Ob er die Waren weiterverkauft oder es nur Hilfsstoffe sind spielt hierbei keine Rolle.

Das Wareneingangsbuch muss folgende Angaben enthalten:

- Eine fortlaufende Eintragungsnummer

---

[37] Vgl. https://www.wko.at/Content.Node/Service/Steuern/Einkommensteuer-und-Koerperschaftsteuer/Einkommensteuer/est-koest_EinnahmenAusgabenRechnung_Broschuere.pdf
[38] Vgl. https://www.wko.at/Content.Node/Service/Steuern/Einkommensteuer-und-Koerperschaftsteuer/Einkommensteuer/est-koest_EinnahmenAusgabenRechnung_Broschuere.pdf

- Tag des Wareneinganges oder Tag an dem die Rechnung ausgestellt wurde
- Alle Angaben des Lieferanten (Name der Firma, Anschrift etc.)
- Produktbezeichnung
- Preis des Produktes inkl. Auflistung der Steuern

Wann und wie der Unternehmer seine Produkte einträgt ist nicht rechtlich vorgeschrieben, sie müssen jedoch monatlich und auch jährlich zusammengerechnet werden.

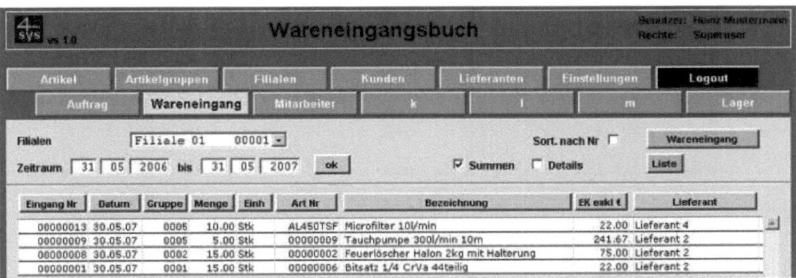

http://www.4sys.at/img/content/ct_04_03_91.jpg?id=119370 [02.04.2015]
Abb. 4: Musterbeispiel eines Wareneingangsbuches mit der Software 4sys

8 Anlagenverzeichnis[39]

Zum Nachweis für die jährliche Abschreibung muss jeder Unternehmer der eine Einnahmen-Ausgaben-Rechnung macht ein Anlagenverzeichnis führen, in dem alle Wirtschaftsgüter des abnutzbaren Anlagevermögens aufgelistet sind.

Dieses Verzeichnis hat zu enthalten:

- Bezeichnung des jeweiligen Anlagegutes
- Alle Angaben des Lieferanten (Name der Firma, Anschrift etc.)
- Anschaffungsdatum
- Anschaffungs- sowie Herstellungskosten
- Betrag der jährlichen AfA oder eventuell auch Erinnerungseuro
- Die voraussichtliche Nutzungsdauer bzw. die branchenübliche Nutzungsdauer
- Der Restbuchwert laut 31.12

---

[39] Vgl. https://www.wko.at/Content.Node/Service/Steuern/Einkommensteuer-und-Koerperschaftsteuer/Einkommenssteuer/est-koest_EinnahmenAusgabenRechnung_Broschuere.pdf

9 Lohnkonto[40]

Ein Arbeitgeber muss für jeden seiner Mitarbeiter, sofern er welche angestellt hat, ein Lohnkonto führen. Durch die Lohnkontenverordnung ist genau geregelt, welche Daten ein Lohnkonto enthalten muss.

- Vor- und Nachname des Arbeitnehmers
- Aktueller Hauptwohnsitz
- Versicherungsnummer
- Alleinverdiener/Alleinerzieherabsetzbetrag und Kinderzuschläge zum Alleinverdiener/Alleinerzieherabsetzbetrag laut Antrag des Arbeitnehmers
- Pendlerpauschale
- Freibetrag laut Mitteilung des Finanzamts

Sollte der Alleinverdiener- oder Alleinerzieherabsetzbetrag berücksichtigt werden, müssen zusätzlich noch folgende Daten enthalten sein:

- Name und Versicherungsnummer des Partners
- Name und Versicherungsnummer des jüngsten Kindes
- Name und Versicherungsnummer der Kinder, sollte ein Kinderzuschlag berücksichtigt werden

10 Aufzeichnungen für die Umsatzsteuer

Jeder Unternehmer ist verpflichtet die jeweilige Umsatzsteuer festzustellen und darauf basierend diverse Aufzeichnungen zu führen. [41]

10.1 Grundlegendes

Der Leistungsbegriff des Umsatzsteuergesetzes erfasst sowohl Warenlieferungen als auch Dienstleistungen. Das bedeutet, dass die Umsatzsteuer somit nur bei den Letztverbrauchern,

---

[40] Vgl. https://www.wko.at/Content.Node/Service/Steuern/Einkommensteuer-und-Koerperschaftsteuer/Einkommensteuer/est-koest_EinnahmenAusgabenRechnung_Broschuere.pdf
[41] Vgl. https://www.wko.at/Content.Node/Service/Steuern/Einkommensteuer-und-Koerperschaftsteuer/Einkommensteuer/est-koest_EinnahmenAusgabenRechnung_Broschuere.pdf

also den Konsumenten, zum Tragen kommt. Das Unternehmen ist somit nur ein Überbringer beziehungsweise ein Treuhänder für den Staat. Er fordert die Umsatzsteuer ein und gibt sie an das zuständige Finanzamt weiter. [42]

Der Umsatzsteuer unterliegen:

- Alle Lieferungen und sonstigen Leistungen, die ein Unternehmer im Inland gegen Entgelt ausführt.
- Den Eigenverbrauch
- Die Einfuhr von Gegenständen
- Alle innergemeinschaftlichen Erwerbe

Hierbei aufzuzeichnen sind alle Entgelte für die diversen Leistungen eines Unternehmens getrennt nach steuerfreien und steuerpflichtigen Umsätzen. [43]

Es gibt jedoch auch hier einige Ausnahmen, zum Beispiel Kleinunternehmer, deren Nettoumsatz jährlich unter 30.000€ liegt, fallen in die Kleinunternehmerregelung. Das bedeutet:

- Kein Umsatzsteuerausweis auf den Rechnungen
- Keine Umsatzsteuerabfuhr an das Finanzamt
- Kein Vorsteuerabzug
- Keine Umsatzsteuervoranmeldung (siehe Punkt 10.3)
- Keine Umsatzsteuerjahreserklärung

10.2 Vorsteuer[44]

Unter Vorsteuer versteht man den Betrag, den ein anderer Unternehmer dem eigenen in Rechnung stellt. Voraussetzung dafür ist eine ordnungsgemäße Rechnung und dass die Lieferung beziehungsweise die erbrachte Leistung bereits getätigt wurde. Diese Vorsteuer kann von der Umsatzsteuerschuld in Abzug gebracht werden.

---

[42] Vgl. https://www.bmf.gv.at/steuern/
[43] Vgl. https://www.wko.at/Content.Node/Service/Steuern/Einkommensteuer-und-Koerperschaftsteuer/Einkommenssteuer/est-koest_EinnahmenAusgabenRechnung_Broschuere.pdf
[44] Ebenda Seite 12

10.3   Umsatzsteuervoranmeldung[45]

Kurz auch UVA. „Die Differenz zwischen der abzuführenden Umsatzsteuer und den abziehbaren Vorsteuern ergibt eine Zahllast oder einen Überschuss. "[46]

Das ergibt, dass die Zahllast beziehungsweise der Überschuss in der monatlichen UVA berechnet werden.

Wenn sich hierbei eine Zahllast ergibt muss der errechnete Betrag binnen einem Monat und 15 Tagen, nach Ablauf des jeweiligen Voranmeldungszeitraums an das zuständige Finanzamt überwiesen werden. Entsteht jedoch ein Überschuss kann verlangt werden dies mit anderen Abgaben zugeglichen oder es kann auch eine Auszahlung auf das Firmenkonto beantragt werden.

10.4   Verbuchung[47]

Die Verbuchung der Umsatzsteuer bzw. der gegebenen Vorsteuerbeträge kann entweder mit Hilfe der Nettomethode oder nach der Bruttomethode erfolgen. Beide Möglichkeiten sind erlaubt.

10.4.1   Nettomethode

Hierbei werden einfach gleich alle Ausgaben netto verbucht, somit wird die Umsatzsteuer nur als Durchlaufposten behandelt.

10.4.2   Bruttomethode

Hierbei wird es ähnlich gemacht wie bei der Nettomethode, nur dass die Beträge brutto verrechnet werden. Anders ist jedoch, dass die monatlichen Umsatzsteuervorrauszahlungen eine Betriebsausgabe darstellen.

---

[45] Vgl. https://www.wko.at/Content.Node/Service/Steuern/Einkommensteuer-und-Koerperschaftsteuer/Einkommensteuer/est-koest_EinnahmenAusgabenRechnung_Broschuere.pdf
[46] Zitat Wirtschaftskammern Österreich im Einnahmen-Ausgaben-Rechnung PDF Seite 14
[47] Vgl. https://www.wko.at/Content.Node/Service/Steuern/Einkommensteuer-und-Koerperschaftsteuer/Einkommensteuer/est-koest_EinnahmenAusgabenRechnung_Broschuere.pdf

11   Vorteile für Einnahmen-Ausgaben-Rechner[48]

Ein großer Vorteil an der Einnahmen-Ausgaben-Rechnung sind diverse steuerliche Begünsti-
gungen durch den Staat.

„Seit dem Veranlagungsjahr 2010 kann ein Gewinnfreibetrag in Höhe von 13% des Jahresge-
winnes von natürlichen Personen und Mitunternehmer, die Einkünfte aus einer betrieblichen
Tätigkeit erzielen, geltend gemacht werden. "[49]

Dieser Gewinnfreibetrag lässt sich aus dem Grundfreibetrag bei Gewinne bis 30.000€ errech-
nen. Darüber hinaus aus einem investitionsbedingten Gewinnfreibeitrag.

Um diesen investitionsbedingten Gewinnfreibetrag effektiv nutzen zu können, müssen im Ge-
schäftsjahr neue abnutzbare, körperliche Wirtschaftsgüter gekauft worden sein. Die Nutzungsdauer dieser Wirtschaftsgüter muss mindestens vier Jahre betragen.

Ab einem Gewinn von 175.000 € tritt eine Einschleifregelung in Kraft, welche den Gewinnfreibetrag minimiert.

12   Unterlagen

Alle Bücher, Aufzeichnungen und Rechnungen mit deren Belegen müssen mindestens sieben
Jahre aufbewahrt werden. Alle Aufzeichnungen und Unterlagen, die Grundstücke betreffen,
müssen mindestens 22 Jahre aufbewahrt werden.

Elektronisch dürfen diese Aufzeichnungen nur dann gespeichert werden, wenn die Dokumente
samt den jeweiligen Unterschriften eingescannt werden. Ausfuhrnachweise müssen immer im
Original aufbewahrt werden und dürfen nicht nur elektronisch gespeichert werden. Die Auf-
bewahrungsfrist läuft dann mit Ende des jeweiligen Geschäftsjahres ab in dem die Belege geltend gemacht wurden. Als Unternehmer ist jedoch immer wichtig das Unterlagen nicht ohne
Grund vernichtet werden.

---

[48] Vgl. https://www.wko.at/Content.Node/Service/Steuern/Einkommensteuer-und-
Koerperschaftsteuer/Einkommenssteuer/est-koest_EinnahmenAusgabenRechnung_Broschuere.pdf
[49] Zitat Wirtschaftskammern Österreich im Einnahmen-Ausgaben-Rechnung PDF Seite 16

13   Endprodukt

So könnte das Endprodukt einer Einnahmen-Ausgaben-Rechnung aussehen:

Einnahmen:

Betriebseinnahmen (inkl. oder exkl. USt)*:

Waren- u. Leistungserlöse, für die der Auftraggeber keine Meldepflicht nach § 109a EStG hat (einschließlich Eigenverbrauch)

Betriebseinnahmen, für die Mitteilungen gem. §109a EStG ausgestellt wurden

Anlagenerträge/Entnahmewert von Anlagevermögen

übrige Betriebseinnahmen (inkl. Finanzerträge)

Ausgaben (inkl. oder exkl. USt)*:

Waren- Roh- und Hilfsstoffe

Beigestelltes Personal (Fremdpersonal) und Fremdleistungen

Personalaufwand (eigenes Personal, inkl. Lohnnebenk.)

Abschrei bungen auf das Anlagevermögen (AfA, geringwertige

Wirtschaftsgüter)

Instandhaltungen für Gebäude

Reise- und Fahrtspesen, inkl. Kilometergeld und Diäten (ohne

tatsächliche KFZ-Kosten)

Tatsächliche KFZ-Kosten (ohne AfA ,Leasing und Kilometergeld)

Miet- und Pachtaufwand, Leasing

Miet- und Pachtaufwand, Leasing

Provisionen an Dritte, Lizenzgebühren

Werbe- und Repräsentationsaufwendungen

Buchwert abgegangener Anlagen

Zinsen und ähnliche Aufwendungen

Eigene Pflichtversicherungsbeiträge (gewerbliche Sozialversicherung)

Freibetrag für investierte Gewinne

Übrige Betriebsausgaben (Bei USt-Bruttosystem: inkl. Ust-Zahllast)

Gewinn

*) abhängig davon ob die EAR nach dem UST-Brutto- oder Nettoprinzip erstellt wird

http://www.kmu-rechnungswesen.at/ear/mindestgliederung-der-einnahmen-ausgaben-rechnung [08.04.2015]
Abb. 5: Endprodukt einer Einnahmen-Ausgaben-Rechnung

Literaturverzeichnis

http://www.wko.at/Content.Node/Service/Steuern/Einkommensteuer-und-Koerperschaftsteuer/Einkommenssteuer/est-koest_EinnahmenAusgabenRechnung_Broschuere.pdf

http://www.bmf.gv.at/steuern/

http://www.bundesfinanzministerium.de/Content/DE/Standardartikel/Themen/Steuern/Weitere_Steuerthemen/Betriebspruefung/AfA-Tabellen/afa-tabellen.html

http://www.gutefrage.net

http://www.bmf.gv.at/steuern/selbstaendige-unternehmer.html

http://www.bmf.gv.at/steuern/selbstaendige-unternehmer/betriebsausgaben/betriebsausgaben-allgemein.html

http://www.sms.at/community/talkbox/lofiversion/index.php/t18332.html

http://www.usp.gv.at

http://www.de.wikipedia.org/wiki/Kassenbuch

http://www.gruendungswissen.at

http://www.fuer-gruender.de/wissen/unternehmen-gruenden/finanzen/buchfuehrung/bilanzierung/

http://www.kmu-rechnungswesen.at/ear/mindestgliederung-der-einnahmen-ausgaben-rechnung

http://www.4sys.at/img/content/ct_04_03_91.jpg?id=119370 [02.04.2015]

http://www.abload.de/img/abbildungtageslosungj0uxi.jpg

http://www.formulare.bmf.gv.at/service/formulare/inter-Steuern/pdfs/E1a

https://www.wko.at/ubit/bibug/formulare/ea_journal.pdf